HISTOIRE DE FRANCE

De la Préhistoire à nos jours

Quelle Histoire

Édition et conception : Quelle Histoire SAS. 22, Villa de Lourcine 75014 Paris
Illustrations : Bruno Wennagel, Mathieu Ferret, Nuno Alves Rodrigues, Guillaume Biasse, Clara Morineau, Iris Mangin, Ibticem Larbi, Laurica Andriantsarafara
Textes : Vincent Mottez, Leslie-Fleur Picardat

Siège social : 22, Villa de Lourcine 75014 Paris

www.quellehistoire.com
contact@quellehistoire.fr

Fabriqué par Labelfab, www.labelfab.fr
Achevé d'imprimer en France par Pollina (85) – L80214A

Dépôt légal septembre 2016

Loi n°49-956 du 16 juillet 1949 sur les publications destinées à la jeunesse

FABRIQUÉ EN FRANCE

HISTOIRE DE FRANCE

SOMMAIRE

Préhistoire

-7 millions d’années à -3500

Les premiers hommes

VERS -7 MILLIONS D'ANNÉES À -1,8 MILLION D'ANNÉES

Sais-tu que nos ancêtres sont apparus il y a 7 millions d'années en Afrique ? C'est vrai qu'à cette époque ils ressemblent beaucoup à nos cousins les grands singes, mais ils se déplacent parfois sur deux pattes... C'est un grand progrès ! Au fil du temps, ils évoluent, donnant naissance à différentes espèces, comme les Australopithèques. Tu as sûrement entendu parler d'eux grâce à Lucy. Puis c'est au tour d'*Homo habilis* de naître, il y a 2,5 millions d'années. Cet « homme habile », parfaitement bipède, est considéré comme le premier homme. Arrive ensuite *Homo erectus*, il y a 1,8 million d'années. Il se déplace du continent africain jusqu'en Europe, où on retrouve ses traces à Tautavel, en France.

La taille de la pierre

VERS -600 000

Les hommes préhistoriques sont malins, ils devinent que les tâches du quotidien seront plus faciles à réaliser avec des outils. Vers -600 000, ils apprennent à tailler le silex et créent les premiers bifaces... tu sais, ces pierres avec deux faces tranchantes, très utiles pour découper la viande. Plusieurs exemplaires ont été trouvés près d'Amiens et à Levallois-Perret, en région parisienne. Ils fabriquent aussi des arcs et des sagaies, qui sont des sortes de lances. Ainsi armés, les hommes partent à la chasse et n'ont pas peur d'attaquer les cerfs, les sangliers et même les mammouths. Les femmes, elles, s'occupent de la cueillette de plantes et de fruits... Quel festin !

La découverte du feu

VERS -400 000

Homo erectus est à l'origine d'une autre grande invention : le feu ! En frottant deux pierres l'une contre l'autre, on obtient d'abord des étincelles, puis des flammes. Grâce à lui, la vie dans la grotte s'améliore puisqu'il permet de se chauffer, de cuire la nourriture et d'éloigner les bêtes sauvages. La caverne devient un endroit sûr, où chacun peut vaquer à ses occupations. Le soir, toute la tribu se réunit autour du feu, c'est un moment très convivial. Tu peux visiter la grotte de Lazaret, à Nice, où des ossements d'*Homo erectus* datant de 170 000 ans ont été découverts... Incroyable non ?

La maîtrise de l'art

VERS -40 000

Une nouvelle espèce est arrivée, *Homo sapiens*… et devine quoi ? C'est la nôtre ! Au fil du temps, cet « homme moderne » devient un véritable artiste. Il décore les parois de sa grotte avec des dessins, en utilisant des couleurs trouvées dans la nature, du charbon pour le noir ou de l'ocre pour le rouge. Il représente ses mains et des animaux, comme dans la grotte de Lascaux en Dordogne ou la grotte Chauvet en Ardèche. Ces peintures rupestres sont magnifiques ! Mais c'est aussi un musicien, il se fabrique des sifflets et des flûtes avec des os d'animaux. Il y a fort à parier qu'il chante et danse au rythme de la musique.

Agriculture et domestication

VERS -10 000

Les hommes préhistoriques suivent les troupeaux pour pouvoir se nourrir… c'est très fatigant ! Mais vers -10 000, ils découvrent qu'en plantant des graines, ils peuvent faire pousser leur propre nourriture. Ils cultivent alors du blé, de l'orge et de l'avoine. Ils commencent aussi à domestiquer les animaux. D'abord le chien, qui devient un fidèle compagnon, puis la chèvre, le mouton et les bovins pour leur viande. C'en est fini des déplacements ! Puisqu'ils ont tout à portée de main, ils construisent des habitations et forment les premiers villages. Tu peux en avoir un petit aperçu en visitant le village préhistorique de Quinson dans les Alpes-de-Haute-Provence.

La chronologie

-7 millions

Vers -4 millions

Les Australopithèques

Apparition des Australopithèques comme Lucy.

Vers -3 millions

Début du Paléolithique

L'espèce Homo *marche et court.*

Vers -1,6 million

Les premiers outils

Branches, pierres et galets sont utilisés comme outils.

-400 000

Maîtrise du feu

Homo erectus *découvre le feu.*

-250 000

Apparition de l'homme de Néandertal

En Europe et en Asie.

-200 000

Apparition de Cro-Magnon

Homo sapiens *est grand, intelligent et inventif.*

-100 000

Premières sépultures

L'homme de Néandertal inhume les morts.

-82 000

Premières parures

Colliers en coquillages et en perles.

-40 000

Maîtrise de l'art

Premières grottes ornées, l'art pariétal est né.

Vers -20 000

Peintures de Lascaux

Découvertes en 1940, par des enfants en Dordogne.

-10 000

Découverte de l'agriculture

Début de la période du Mésolithique.

-7 500

Premiers villages

Sédentarisation, début de la période du Néolithique.

Vers -3 500

Apparition de l'écriture

Fin de la période préhistorique.

Les portraits

Toumaï

(- 7 millions d'années)

Un crâne, découvert dans le désert du Djourab, au Tchad (Afrique), a permis aux scientifiques de déterminer l'existence de cette toute première espèce. L'homme de Toumaï mesurait 1 mètre et pesait 35 kg !

Orrorin

(- 6 millions d'années)

Quelques phalanges, un morceau de mâchoire et, surtout, un fémur, retrouvés au Kenya, montrent que cet hominidé était un bipède. Il mesurait 1,40 mètre et pesait 50 kg environ.

Australopithèque

(- 4,2 millions d'années)

Il s'agit d'un genre d'hominidé disparu il y a 1 million d'années environ. Les nombreux ossements retrouvés en Afrique montrent qu'il s'agit d'un bipède de 1,35 mètre, qu'il se nourrit de plantes et qu'il ne sait pas faire d'outils.

Lucy

(- 3,2 millions d'années)

Elle est toute petite, 1,10 mètre, cette jeune femme retrouvée en Éthiopie. Son squelette est presque complet, ce qui est rare et permet de dire qu'elle est morte vers 25 ans. C'est une cousine du genre humain.

Homo habilis

(-2,5 millions à -1,5 million d'années)

Il vit en Afrique. On le considère comme le tout premier *Homo* car il marche debout, comme nous, et possède déjà un langage articulé. Il vit de plantes et de fruits car il ne chasse pas encore.

Homo erectus

(-700 000 à -300 000 ans)

Parti d'Afrique pour l'Asie et l'Europe, on le retrouve à Tautavel, en France. Il chasse grâce à des outils et, surtout, réussit à faire du feu, ce qui va changer complètement son mode de vie.

Néandertal

(-250 000 à -28 000 ans)

On le trouve en Europe, notamment en France, et dans toute l'Asie. Comme les deux précédents, ce sont des cousins et non nos ancêtres directs. Pourtant, on a retrouvé des traces de leurs gènes chez les humains actuels.

Cro-Magnon

(-43 000 à -12 000 ans)

C'est un *Homo sapiens*, un homme moderne, notre ancêtre direct. Il vit en France et va coexister avec Néandertal et même se marier avec lui. Il est grand, intelligent, inventif et artiste, comme en témoignent ses peintures.

Antiquité

-3 500 à 476

Les Gaulois

DE 400 AV. J.-C. À 52 AV. J.-C.

Vers 400 av. J.-C., des Celtes venus d'Europe de l'Est s'implantent sur ce grand territoire que les Romains nomment la Gaule. Durant plusieurs siècles, ils développent une société très organisée : les femmes s'occupent du foyer et participent aux travaux des champs tandis que les hommes chassent et partent à la guerre quand c'est nécessaire. Les guerriers sont bien équipés car les Gaulois sont d'excellents forgerons, ils manient les métaux comme personne ! Ce sont aussi de très bons commerçants. Ils vénèrent plusieurs dieux, célébrés dans la nature par l'intermédiaire des druides ou lors de grands banquets… Eh oui, les Gaulois sont toujours partants pour s'amuser !

La conquête de la Gaule

125 AV. J.-C. À 51 AV. J.-C.

Depuis quelque temps déjà, les Romains dominent le bassin méditerranéen. Attirés par les richesses de la Gaule, ils franchissent les Alpes en 125 av. J.-C. et conquièrent le sud-est du pays... Mais c'est loin d'être suffisant ! En 58 av. J.-C., le général Jules César reprend l'invasion. Durant sept ans, il parcourt la Gaule et livre bataille avec ses troupes. Se sachant attaqués, les Gaulois s'unissent et élisent Vercingétorix chef de la résistance. En 52 av. J.-C., les deux généraux s'affrontent à Alésia. Les Romains sont rusés, ils emploient la tactique du siège : ils encerclent leurs ennemis et attendent qu'ils n'aient plus de nourriture. Vercingétorix est vaincu, il doit se rendre.

L'ère gallo-romaine

50 AV. J.-C. À 476 APR. J.-C.

Après la défaite d'Alésia, la Gaule devient romaine. Les Gaulois, très têtus, se révoltent avant d'accepter les Romains et leur mode de vie. Petit à petit, ils se mettent à croire en leurs dieux, à fréquenter les bains publics et à se distraire aux courses de chars ou aux combats de gladiateurs. La période gallo-romaine est très bénéfique à la Gaule car les Romains y construisent des routes, des ponts, des aqueducs, des thermes, des amphithéâtres... comme ceux de Nîmes, Arles et Saintes que tu as peut-être déjà vus. Ils fondent même la ville de Lyon, appelée alors Lugdunum. Le pays est en paix et connaît un formidable essor économique.

Les premiers chrétiens

160-313

Au Ier siècle, un homme nommé Jésus crée en Palestine une toute nouvelle religion : le christianisme. Elle se répand dans les grandes cités du bassin méditerranéen et atteint la Gaule. Nombreux sont ceux qui adoptent cette religion au dieu unique... mais ça ne plaît pas beaucoup aux Romains, qui croient en plusieurs dieux. Les premiers chrétiens sont martyrisés, comme Blandine à Lyon, morte dans l'arène en 177 à cause de ses croyances. Mais cela ne les décourage pas ! La religion chrétienne prend tellement d'ampleur qu'elle devient la religion officielle de l'Empire en 392. Des églises sont alors construites et la ville de Paris, appelée Lutèce, accueille saint Denis, son premier évêque.

Les invasions barbares

370-476

L'Empire romain, dont la Gaule fait partie, commence à s'affaiblir. Des peuples de l'Est, qui convoitent ses richesses, profitent de la situation. Germains, Goths, Huns, Vandales et Francs envahissent progressivement le territoire… et ils ne sont pas très sympathiques ! Ils brûlent et pillent les villages sur leur passage. Parmi eux, un homme sème la terreur, il s'agit d'Attila, le chef des Huns surnommé « le fléau de Dieu » en raison de sa grande cruauté. En 451, le général Aetius réussit à le repousser lors de la bataille des champs Catalauniques. Mais cette victoire romaine ne parvient pas à sauver l'Empire car les Barbares s'installent définitivement et se partagent la Gaule.

La chronologie

-400

-400

Arrivée des Celtes en Gaule

Les peuples celtes s'installent en Europe.

-300

Fondation de Lutèce

La tribu gauloise des Parisii fonde Lutèce.

-125

Début de la conquête romaine

Prise de la Gaule narbonnaise.

-80

Naissance de Vercingétorix

Vercingétorix naît sur le territoire des Arvernes.

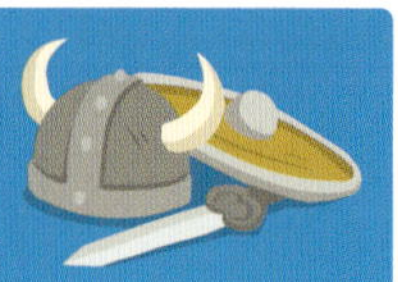

-52

Bataille d'Alésia

Fin de la conquête de la Gaule par les Romains.

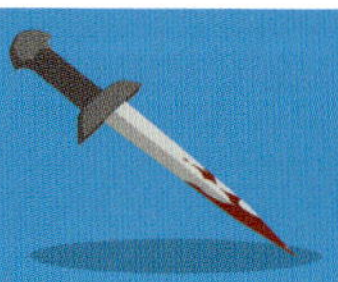

-44

Assassinat de César

César est assassiné par des sénateurs dont Brutus, son fils adoptif.

An 1

Naissance de Jésus

Jésus serait né à Nazareth en Galilée.

45

Interdiction du druidisme

L'empereur romain Claude interdit la religion celtique.

177

Les martyrs de Lyon

Des chrétiens sont livrés aux fauves à Lyon.

253

Prise de Lutèce par les Francs

Premières incursions des Francs en Gaule.

392

L'Empire romain devient chrétien

Le christianisme, religion officielle de l'Empire.

410

Pillage de Rome

Rome est prise et pillée par Alaric Ier et les Wisigoths.

451

Bataille des champs Catalauniques

Attila et les Huns sont vaincus.

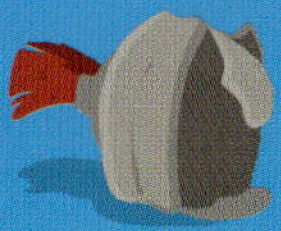

476

Chute de l'Empire romain d'Occident

Les Barbares s'emparent de l'Empire.

La carte

SPQR
La Gaule
Au Ier siècle av. J.-C.
Territoire gaulois
Territoire sous domination romaine

Les portraits

Brennos

(dates inconnues)

Issu de la tribu gauloise des Sénons (du côté de Sens, dans l'Yonne), le jeune chef inflige une terrible défaite aux Romains, le 18 juillet 390 av. J.-C., puis met à sac la ville de Rome. Puis il repart dans son pays.

Vercingétorix

(80 av. J.-C.-46 av. J.-C.)

Le chef des Arvernes devient le héros de tous les Français car il réussit à battre Jules César à Gergovie. Il est vaincu peu de temps après à Alésia et emprisonné six longues années à Rome avant d'être exécuté.

Jules César

(100 av. J.-C.- 44 av. J.-C.)

Homme politique et chef de guerre, il repousse les frontières de l'Empire romain en s'emparant de la Gaule. C'est grâce à lui et son livre sur *la Guerre des Gaules* que l'on connaît la civilisation gauloise que tu viens de découvrir.

Blandine de Lyon

(vers 162-177)

Blandine est une chrétienne de Lyon. Elle est arrêtée par les Romains, avant d'être livrée aux fauves avec 47 autres martyrs chrétiens, tués dans les arènes en 177. Elle est devenue la patronne de Lyon et est fêtée le 25 juillet.

Denis de Paris

(mort vers 250)

Saint Denis est le tout premier évêque de Paris, qui se nomme alors Lutèce. La légende raconte qu'une fois décapité, il aurait porté sa tête en marchant vers la ville de Saint-Denis, qui porte son nom en hommage.

Postumus

(mort vers 269)

Général gaulois dans l'armée romaine, Postumus parvient à repousser les Barbares francs. Après cette victoire, il se fait proclamer empereur des Gaules par ses légions mais finit par être assassiné par ses propres soldats.

Attila

(395-453)

Attila est le roi des Huns. Surnommé « le fléau de Dieu » par ses ennemis, il est l'un des Barbares les plus célèbres pour sa cruauté mais aussi pour son habileté et son courage. Il est battu lors de la bataille des champs Catalauniques.

Sainte Geneviève

(423-512)

En 451, cette jeune femme très pieuse encourage les Parisiens à résister à l'invasion des Huns, commandés par Attila, qui ne réussirent pas à s'emparer de la ville. Depuis, elle est la patronne de Paris et des gendarmes.

Moyen Âge

476 à 1492

Le baptême de Clovis

496

Les Francs, l'un des peuples barbares ayant envahi l'Empire romain, sont installés au nord du territoire. Tu te doutes qu'ils vont jouer un grand rôle dans l'histoire de la France, étant donné qu'ils lui ont donné son nom ! Leur roi, Clovis, va agrandir son royaume, en unifiant tous les Francs et en repoussant les autres peuples. En 496, au cours de la bataille de Tolbiac contre les Alamans, il jure de se convertir au christianisme s'il remporte le combat. Après sa victoire, il respecte sa promesse et se fait baptiser à Reims. Clovis est considéré comme le premier roi de France, appartenant à la dynastie des Mérovingiens, dont le nom vient de son grand-père Mérovée.

La bataille de Poitiers

732

Les souverains mérovingiens se succèdent et divisent le royaume de leur ancêtre Clovis. On les surnomme les « rois fainéants », car malheureusement, ils ne font pas grand-chose à part se faire la guerre. Que se passe-t-il lorsqu'on ne fait pas attention à son royaume ? Les envahisseurs arrivent ! Les Sarrasins, un peuple arabe qui vient de conquérir l'Espagne, profitent du désordre qui règne en France pour s'emparer de villes comme Narbonne ou Nîmes. Vite, il faut les arrêter ! C'est Charles Martel, un grand seigneur franc, qui part à leur rencontre et parvient à les vaincre aux environs de Poitiers en 732.

Les Carolingiens

751-987

Le prestige de Charles Martel permet à son fils Pépin le Bref, puis à son petit-fils Charlemagne d'accéder au trône. Avec eux, une nouvelle dynastie commence : les Carolingiens. Charlemagne pense à son peuple et améliore considérablement ses conditions de vie : il rénove les routes pour favoriser le commerce, il construit des abbayes pour développer l'enseignement et il réforme le système judiciaire. Il gagne aussi de nombreuses batailles, lui permettant de contrôler une grande partie de l'Europe… Une telle influence ne s'était pas vue depuis l'Empire romain ! En 800, le jour de Noël, il décide de se faire sacrer empereur par le pape… Rien que ça !

Les raids vikings

IXe ET Xe SIÈCLES

À la mort de Charlemagne, l'Empire carolingien est divisé entre ses descendants, ce qui le fragilise. Cela tombe mal, car une menace terrible vient du nord de l'Europe : les Vikings ! Ces guerriers, doués pour la construction navale, arrivent sur les côtes françaises à bord de leurs navires. Avec leur chef, Rollon, ils s'emparent de Rouen en 876 et avancent jusqu'à Paris. Le roi de France est dépassé par les événements. En 911, une solution est trouvée pour rétablir la paix : offrir aux Vikings une partie de la Neustrie (qui deviendra la Normandie). Cette proposition est alléchante, Rollon l'accepte. Si tu viens de cette région, tu as probablement des origines vikings !

La bataille d'Hastings

1066

Rollon et ses hommes s'installent en Normandie et se mélangent à la population locale. Quelques années plus tard, c'est au tour de son petit-fils, Guillaume, de devenir duc de Normandie. Il prend sa tâche très au sérieux et redresse la situation politique et économique du duché. En 1066, Guillaume réclame la couronne d'Angleterre. Mais pourquoi ? Parce qu'il est aussi le cousin du roi d'Angleterre, mort sans héritier, pardi ! Pour faire valoir ses droits, il réunit une armée de 6 000 hommes, traverse la Manche et livre bataille à Hastings. Sa victoire éclatante lui permet de monter sur le trône anglais et d'hériter du surnom de « Conquérant ».

Les Capétiens

987-1328

Après les Carolingiens viennent les Capétiens. Sais-tu d'où vient le nom de cette nouvelle dynastie ? D'Hugues Capet, sacré en 987 à Reims. Durant plusieurs siècles, les rois capétiens se succèdent et contribuent, chacun à leur manière, à faire de la France la première puissance d'Europe. Trois d'entre eux ont marqué les esprits : Philippe Auguste en consolidant le royaume, Saint Louis en menant des croisades et en instaurant un régime plus juste, et Philippe le Bel en relançant l'économie. C'est aussi à cette époque que se développent les châteaux forts, la chevalerie, les tournois, les cathédrales… Tu aurais aimé vivre en ce temps-là ?

La peste noire

1347-1352

Au milieu du XIVe siècle, une terrible maladie fait son apparition en Europe : la peste noire. Comme elle est contagieuse, elle se répand très vite et tous les pays sont touchés. Si aujourd'hui des remèdes existent, ce n'est pas le cas à l'époque. Les médecins ne savent pas quoi faire pour soigner les malades. C'est une période difficile pour le peuple français, qui doit affronter cette épidémie en plus du froid, des mauvaises récoltes et de la guerre menée contre les Anglais au même moment. Résultat : plus d'un tiers de la population meurt… Tu imagines ? La peste noire dure jusqu'en 1352, puis disparaît soudainement.

La guerre de Cent Ans

1337-1453

Durant plus d'un siècle, les rois de France et les rois d'Angleterre vont s'affronter pour savoir qui d'entre eux doit monter sur le trône de France… et ils ne prennent pas le sujet à la légère ! Ils se déclarent la guerre et s'affrontent dans de terribles batailles : Crécy, Poitiers ou encore Azincourt. Les Anglais enchaînent les victoires et le territoire français se réduit de plus en plus. Sentant la défaite approcher, certains préfèrent se ranger du côté des ennemis, comme Philippe le Hardi, à la tête du puissant duché de Bourgogne. Tout semble perdu, seul un miracle pourrait sauver le royaume…

La paix retrouvée

1429-1453

Le miracle tant attendu pour délivrer la France arrive enfin et il porte le nom de Jeanne d'Arc. Cette jeune fille de 17 ans, qui entend des voix divines, prend la tête d'une armée et libère la ville d'Orléans occupée par les Anglais. Grâce à elle, Charles VII devient roi et est sacré à Reims en 1429. Le nouveau souverain signe alors le traité d'Arras, mettant fin aux conflits entre les Français et les Bourguignons, qui se sont alliés aux ennemis. Il faut attendre la bataille de Castillon, en 1453, pour que les Anglais soient définitivement chassés de France… Le chef anglais John Talbot est vaincu, ce qui met un terme à la guerre de Cent Ans.

La chronologie

476

496
Baptême de Clovis
Clovis et ses guerriers se convertissent au christianisme.

511
Mort de Clovis
Partage du royaume franc entre ses fils.

555
Réunification du royaume franc
Clotaire Ier réunifie le royaume franc.

622
Hégire
Mahomet et ses disciples quittent La Mecque. Début du calendrier musulman.

711
Début de l'invasion arabe
Le peuple arabe envahit l'Espagne, puis la France.

732
Bataille de Poitiers
Charles Martel repousse les Arabes.

800
Sacre de Charlemagne
Charlemagne est sacré empereur d'Occident à Rome.

885
Siège de Paris par les Vikings
Le comte de Paris défend la ville contre les Vikings.

987
Sacre d'Hugues Capet
Début de la dynastie capétienne.

1066
Bataille d'Hastings
Guillaume le Conquérant devient roi d'Angleterre.

1096
Première croisade
Les chevaliers francs se rendent en Terre sainte.

1337
Début de la guerre de Cent Ans
Le conflit durera plus d'un siècle.

1347
La peste noire
Début de l'épidémie de peste noire, propagée par les rats.

1429
Libération d'Orléans
Jeanne d'Arc chasse les Anglais d'Orléans.

1492

La carte

Le royaume de France

Au XIIIe siècle, sous les Capétiens

Les portraits

Clovis

(Vers 466-511)

Roi des Francs, il est considéré comme le premier souverain chrétien de la France. C'est à Reims qu'eut lieu son baptême et c'est là que tous les rois français seront dorénavant sacrés.

Dagobert Ier

(Vers 600-639)

Dernier roi mérovingien, il agrandit le royaume franc, l'unifie et fait de Paris sa capitale. Il fait construire de nombreuses abbayes dont celle de Saint-Denis qu'il transforme en nécropole royale.

Charles Martel

(Vers 690-741)

À l'origine maire du palais, il prend suffisamment de pouvoir pour diriger le royaume franc. Il est surtout connu pour avoir arrêté l'expansion des Arabes à Poitiers et réussi à réformer l'armée.

Charlemagne

(Vers 742-814)

Sacré empereur par le pape en l'an 800, il contrôle l'Église, protège les artistes et restaure la langue latine. C'est l'un des grands souverains de l'histoire, à l'origine de la « renaissance carolingienne ».

Guillaume le Conquérant

(Vers 1027-1087)

Descendant de Viking, duc de Normandie, il devient roi d'Angleterre après la célèbre bataille d'Hastings, qui lui vaudra son surnom. Son influence politique sera déterminante pour l'Angleterre.

Aliénor d'Aquitaine

(Vers 1122-1204)

Reine de France, puis d'Angleterre, mère de deux rois, cette femme hors du commun s'intéresse autant à la politique qu'aux beaux arts. Rien ne lui fait peur : pas même partir à la croisade.

Saint Louis

(1214-1270)

Louis IX règne pendant plus de 43 ans, apportant à son peuple toujours plus de justice. Il bâtit plusieurs édifices religieux, dont la Sainte-Chapelle. Canonisé après sa mort, il devient Saint Louis.

Jeanne d'Arc

(1412-1431)

Cette jeune paysanne, très pieuse, va jouer un rôle important pendant la guerre de Cent Ans qui oppose la France à l'Angleterre. Arrêtée, jugée, elle est condamnée et meurt brûlée vive à Rouen.

Temps modernes

1492 à 1789

La bataille de Marignan

1515

En janvier 1515, le jeune François Ier est sacré roi de France. Il est ravi de la grandeur de son royaume mais il aimerait beaucoup conquérir le duché de Milan au nord de l'Italie, qui est très riche. Il franchit les Alpes avec une armée de 30 000 hommes… Impressionnant n'est-ce pas ? Sa route est barrée par des soldats suisses, prêts à tout pour défendre les Milanais. En septembre 1515, François Ier réussit à écraser les Suisses lors de la bataille de Marignan. Si tu veux tout savoir, il avait une arme secrète : des canons ! Utilisés pour la première fois, ils sont très efficaces pour remporter la victoire.

Les arts et les lettres

XVIe SIÈCLE

Depuis quelque temps déjà, un courant artistique est né en Italie. On l'appelle la Renaissance, car écrivains, peintres et sculpteurs redécouvrent les œuvres de l'Antiquité et s'en inspirent. Ce renouveau artistique arrive en France vers 1500, sous le règne de Louis XII, puis François Ier. Tu connais certainement les grands maîtres de l'époque, Léonard de Vinci, Raphaël, Michel-Ange et bien d'autres encore. François Ier apprécie tellement le travail de Léonard de Vinci qu'il l'invite en France, l'installe au château du Clos Lucé où il finira ses jours. Tu connais son plus célèbre tableau ? *La Joconde*, que tu peux admirer au musée du Louvre.

Les guerres de Religion

1562-1598

Quand François Ier meurt, c'est à Henri II que revient la couronne. Une guerre éclate alors au sein du royaume, opposant les catholiques et les protestants. Ces derniers veulent réformer la religion chrétienne. La reine Catherine de Médicis a une idée pour maintenir la paix : marier sa fille catholique à un prince protestant, qui deviendra le roi Henri IV. Le mariage est célébré mais, au lieu d'apaiser les tensions, il ravive la colère des deux camps. Sous le règne de Charles IX, durant la nuit de la Saint-Barthélemy, le 24 août 1572, les Parisiens prennent les armes et tuent des milliers de protestants.

Le royaume pacifié

1598

Après le massacre de la Saint-Barthélemy, les conflits religieux durent encore plusieurs années. Il faut attendre qu'Henri IV monte sur le trône pour que les choses s'arrangent enfin. Le roi prend différentes mesures pour pacifier le royaume : il commence par renoncer à sa foi protestante et se convertir au catholicisme, puis il signe l'édit de Nantes en 1598, qui donne aux protestants le droit d'exercer leur culte. La France redevient prospère grâce au développement des routes, de l'agriculture et de l'artisanat. Hélas, en 1610, un homme du nom de Ravaillac poignarde le roi. Lui succèdent alors Louis XIII, puis le fameux Louis XIV.

La Fronde

1648-1653

Louis XIV est encore enfant lorsqu'il devient roi. Trop jeune pour gouverner, c'est sa maman, Anne d'Autriche, qui prend les décisions, avec l'aide du cardinal Mazarin. À cette époque, la France est en guerre contre ses voisins d'Espagne. Tu t'en doutes, faire la guerre coûte cher alors les impôts augmentent. Les bourgeois et le peuple parisien ne sont pas contents ! Ils se révoltent contre la royauté en 1648, lors de la journée des Barricades, obligeant la famille royale à se réfugier à Saint-Germain-en-Laye. Les contestations durent plusieurs années. En 1653, Louis XIV, de retour à Paris et en âge de diriger son royaume, réussit à mettre fin à la Fronde.

Le Grand Siècle

XVIIe SIÈCLE

Le règne de Louis XIV va durer 72 ans… C'est le plus long de l'histoire de France. Celui qu'on surnomme le Roi-Soleil en accomplit des choses durant ces années ! Désormais, les nobles ne sont plus aussi puissants qu'avant car le roi concentre tous les pouvoirs, c'est ce qu'on appelle la monarchie absolue. Il fait aussi bâtir un splendide château à Versailles, où il réunit sa Cour. S'il quitte la capitale, c'est parce qu'il garde un mauvais souvenir de la Fronde… C'est sa revanche sur le peuple parisien ! Entouré de brillants ministres et d'artistes talentueux, Louis XIV rayonne sur l'Europe. On nomme cette période : le Grand Siècle.

Les Lumières

1715-1789

Au XVIIIe siècle, le monde vit un grand bouleversement intellectuel, scientifique et artistique... C'est pour cela qu'on l'appelle le siècle des Lumières ! Des philosophes comme Voltaire et Diderot se demandent si la monarchie et l'Église sont vraiment bénéfiques au peuple. C'est la première fois que des penseurs remettent en cause ces principes ! Ils diffusent leurs nouvelles idées sur la liberté, malgré de virulentes critiques. Au même moment, les Américains luttent pour leur indépendance contre les Anglais. Ils remportent la guerre en 1776 et instaurent une République. Les Français, qui se posent des questions sur leurs conditions de vie, vont s'en inspirer.

Des rois faibles

1715-1789

Après le règne du Roi-Soleil, deux souverains vont se succéder : Louis XV et Louis XVI. Chacun leur tour, ils gouvernent le royaume, mais leur mauvaise gestion l'affaiblit considérablement. Sous Louis XV, la majeure partie des colonies françaises est cédée aux Anglais, la noblesse qui avait été écartée du pouvoir revient en force et les finances déclinent. Quand Louis XVI monte sur le trône en 1774, les caisses de la France sont vides... Il faut faire quelque chose ! Les Français grondent car ils sont les premiers touchés par la crise économique et ils n'ont pas l'impression que leur roi se soucie d'eux.

La décadence de la monarchie

1774-1789

Le fossé se creuse entre le peuple et la noblesse. Alors que les Français vivent très modestement, les nobles, eux, mènent la grande vie et ne cessent d'afficher leurs richesses. Cela met en colère le peuple, qui, animé par les idées des Lumières, souhaite une société plus juste ! Il veut abolir les privilèges de la noblesse et du clergé, pour qu'ils payent eux aussi des impôts. Pourquoi le peuple serait-il le seul à faire cet effort ? Mais le roi traîne à mettre en place cette réforme. La reine Marie-Antoinette, qui organise de nombreuses fêtes à la Cour, n'arrange pas les choses. La royauté est de plus en plus détestée.

La chronologie

1492

1515

Bataille de Marignan

Première victoire du jeune roi François Ier contre les Suisses.

1572

Massacre de la Saint-Barthélemy

Des milliers de protestants assassinés.

1492

Découverte de l'Amérique

Christophe Colomb découvre l'Amérique. Fin du Moyen Âge.

1543

Écrits de Copernic

Écrits de Copernic sur la Terre qui tourne autour du Soleil.

1598

Signature de l'édit de Nantes

Signé par Henri IV, cet édit met fin aux guerres de Religion.

1616

Condamnation de Galilée

Le savant affirme que la Terre tourne autour du Soleil.

1648

La Fronde

Révolte contre le pouvoir royal. Louis XIV et sa famille sont contraints de fuir Paris.

1682

Louis XIV s'installe à Versailles

Le Roi-Soleil s'y installe avec sa Cour.

1715

Mort de Louis XIV

Le roi s'éteint le 1er septembre, rongé par la gangrène.

1751

Encyclopédie

Début de la publication de l'Encyclopédie de Diderot et d'Alembert.

1763

Traité de Paris

La France perd plusieurs territoires dont la Lousiane et le Canada.

1789

La carte

Le royaume de France

Sous Louis XIV

Le royaume de France

Conquêtes de Louis XIV

Les portraits

François Ier

(1494-1547)

Sacré roi de France le 25 janvier 1515, il est le souverain emblématique de la Renaissance. Il fait venir d'Italie de nombreux artistes, reconstruit le château de Fontainebleau et déclare le français langue officielle.

Catherine de Médicis

(1519-1589)

Épouse du roi de France Henri II, elle joue un rôle important à la mort de ce dernier, devenant la régente du royaume pendant la minorité de ses fils François II puis Charles IX. Son nom reste lié aux guerres de Religion

Henri IV

(1553-1610)

Devenu roi en 1589, il faudra cinq années de guerre civile et une conversion au catholicisme (il est né protestant) pour qu'il fasse une entrée triomphale à Paris le 22 mars 1594. « Paris vaut bien une messe », aurait-il dit alors.

Richelieu

(1585-1642)

Principal ministre du roi Louis XIII, gouverneur de Bretagne, il développe les infrastructures militaires du royaume, en transformant notamment la rade de Brest en port militaire et en posant les fondations de Lorient.

Louis XIV

(1638-1715)

On l'appelle le Roi-Soleil ! Son long règne de 72 années est marqué par le rayonnement de la France sur toute l'Europe. On lui doit de grandes réformes administratives et la construction du château de Versailles.

Voltaire

(1694-1778)

Écrivain et philosophe français, son nom est attaché à sa lutte contre le fanatisme religieux et son combat pour la tolérance et la liberté de pensée. Il écrit pour le théâtre, obtient son premier grand succès avec les *Lettres philosophiques.*

Marie-Antoinette

(1755-1793)

L'épouse du roi Louis XVI depuis 1770 s'ennuie à la cour de Versailles. Elle préfère passer de longues heures dans la ferme qu'elle a aménagée dans le parc de Versailles. Elle meurt guillotinée, victime des révolutionnaires.

Louis XVI

(1754-1793)

Petit-fils de Louis XV auquel il succède sur le trône de France en 1774, il est le frère aîné des futurs rois Louis XVIII et Charles X qui seront au pouvoir quelques années après la Révolution française.

Révolution et XIXe siècle

1789 à 1900

La Révolution

1789

En 1789, la colère du peuple devient inquiétante. Pour trouver une solution, le roi organise une réunion avec les représentants des trois corps de la société : la noblesse, le clergé et le tiers état. Le débat est long car chacun campe sur ses positions. Au bout d'un mois, la population, fatiguée d'attendre des changements, se révolte. Elle attaque la Bastille le 14 juillet... La Révolution est lancée ! Devant ce soulèvement, la noblesse et le clergé renoncent à leurs privilèges. Puis une nouvelle Constitution est créée, affirmant que « Tous les hommes naissent libres et égaux en droit ». Le roi et la reine reviennent à Paris, pas question qu'ils restent dans le somptueux château de Versailles !

La Terreur

1793

La Révolution continue et les émeutes sont violentes... Louis XVI et Marie-Antoinette n'ont plus beaucoup de pouvoir. Ils tentent de s'enfuir, mais sont arrêtés et transférés en prison. En 1792, la République est proclamée. Le couple royal est guillotiné l'année suivante... Mais ils ne sont pas les seuls ! En 1793, les exécutions sont nombreuses, à la demande de Robespierre, le chef du gouvernement révolutionnaire, qui condamne à la guillotine tous ses opposants. Son régime de la Terreur en agace plus d'un et il monte sur l'échafaud à son tour en 1794. La France peut alors faire face aux ennemis étrangers qui la menacent. Depuis quelque temps déjà, un certain général Napoléon Bonaparte se fait remarquer...

Le Premier Empire

1804-1815

Après ses premières victoires, en Italie et en Égypte, Napoléon rentre à Paris. Fier de ses exploits, il profite du désordre politique pour s'emparer du pouvoir ! Il devient Premier Consul, puis Empereur en 1804, faisant de sa femme Joséphine une impératrice. Napoléon a de grandes ambitions : il veut conquérir l'Europe ! Mais cela ne plaît pas aux autres pays, qui lui déclarent la guerre. Austerlitz, Iéna, Wagram, il va de victoire en victoire et son empire est immense. Le vent finit par tourner, ses défaites contre la Russie et l'Angleterre le forcent à abdiquer. Prisonnier des Anglais, il est envoyé sur la petite île de Sainte-Hélène, perdue dans l'océan Atlantique Sud. On ne le reverra plus jamais.

La révolution de 1830

1830

Après la chute de Napoléon, la France connaît un retour à la monarchie avec les rois Louis XVIII et Charles X. On appelle cette période la Restauration. En 1830, Charles X décide de restreindre le droit de vote et la liberté de presse pour renforcer son autorité. Il n'en faut pas plus aux Parisiens pour descendre dans la rue et protester... Après tout, ils veulent défendre les libertés durement gagnées lors de la Révolution de 1789 ! Durant trois jours, ils dressent des barricades partout dans la ville. Charles X renonce alors au trône. Un nouveau roi, Louis-Philippe, le remplace et règne jusqu'en 1848, date à laquelle éclate une nouvelle révolution... Décidément !

Le Second Empire

1852-1870

La révolution de 1848 remplace la monarchie par la Deuxième République. Devine qui en est le président ? Louis-Napoléon Bonaparte, le neveu de Napoléon Ier ! Comme son oncle, il ne résiste pas à l'envie de devenir empereur. Il rétablit l'Empire en 1852 et devient Napoléon III. Le peuple l'apprécie, l'agriculture est prospère, le pays s'industrialise et s'embellit grâce à des travaux menés dans les villes. La France redevient une grande puissance mondiale. Mais la fin de son règne est marquée par la désastreuse défaite de Sedan contre la Prusse en 1870 qui l'oblige à capituler. L'Empire laisse place à la Troisième République.

La Commune

1871

Sous le règne de Napoléon III, Paris a bien changé. Il y a maintenant de nombreuses usines, où travaillent des milliers d'ouvriers. En 1871, ces hommes vont se révolter contre le nouveau gouvernement, qui ne les satisfait pas. Ils se sentent trahis par la décision de se rendre aux Prussiens. Ils prennent alors les armes et mettent la capitale à feu et à sang. L'Hôtel de Ville, les Tuileries, le Palais-Royal, tout est détruit… Quelle pagaille ! Ils créent la Commune de Paris, une organisation qui saura mieux les représenter. Après deux mois sanglants, les « communards » sont finalement écrasés par l'armée du gouvernement. Puis la paix revient peu à peu dans la ville.

Les impressionnistes

1872-1886

Après l'épisode de la Commune à Paris, la France apaisée revit. Un jeune artiste, Claude Monet, inspiré par les paysages marins de Normandie, peint une toile dans un style tout à fait novateur. Baptisée *Impression, soleil levant*, elle va donner son nom à un nouveau courant artistique : l'impressionnisme. D'autres peintres, comme Cézanne et Renoir, adoptent alors ce style. Ce qui leur plaît, c'est de s'installer en plein air pour peindre des instants et des sensations. Les artistes se libèrent des contraintes artistiques imposées par Napoléon III, qui préférait les œuvres très réalistes… Un vent de modernité souffle sur le monde de l'art !

L'Exposition universelle

1889

En 1889, la Révolution a cent ans. Pour célébrer cet anniversaire, la France organise à Paris un grand rassemblement dédié aux progrès artistiques, scientifiques et technologiques... C'est l'Exposition universelle ! Dès l'ouverture, des milliers de curieux se pressent pour visiter l'immense tour métallique construite par Gustave Eiffel. Avec ses 324 mètres de haut, elle offre une vue imprenable sur la capitale. Quand l'exposition se termine, les Parisiens, qui se sont habitués à cette « dame de fer », ne souhaitent pas la démonter. Toujours en place aujourd'hui, la tour Eiffel est devenue l'un des symboles du pays. Et toi, es-tu déjà monté à son sommet ?

La Belle Époque

FIN DU XIXe SIÈCLE

À la fin du XIXe siècle, la France connaît des jours heureux. Il n'y a aucun conflit à l'horizon, ce qui permet au pays de se reconstruire… Et ce n'est pas une mauvaise chose car les révolutions successives l'ont abîmé. Des avancées économiques et sociales rassurent les Français et de nombreux progrès techniques, comme l'installation de l'électricité dans les foyers et l'arrivée de la radio, améliorent leur quotidien. Optimiste et insouciante, la population fréquente les cafés et les cabarets, visite les salons, les galeries d'art et les salles de concert, et plus important encore, pense à l'avenir sereinement. Il n'y a pas à dire, c'est une belle époque !

La chronologie

1789

1789

Révolution française

Prise de la Bastille, début de la Révolution française.

1792

Proclamation de la Ire République

La République est proclamée le 2 septembre.

1793

Décapitation de Louis XVI

Le roi est guillotiné le 21 janvier place de la Révolution.

1804

Sacre de Napoléon Ier

Napoléon est sacré Empereur. Début du Premier Empire.

1805

Bataille d'Austerlitz

Victoire de Napoléon contre la Russie et l'Autriche.

1815

Abdication de Napoléon

L'Empereur est exilé par les Anglais sur l'île de Sainte-Hélène.

1815

Restauration de la monarchie

Louis XVIII remonte sur le trône de France.

1848

Abolition de l'esclavage

L'esclavage est aboli le 27 avril 1848 en France.

1848

Drapeau tricolore

Adoption définitive du drapeau tricolore comme emblème.

1852

Second Empire

Napoléon III, le neveu de Napoléon Ier instaure le Second Empire.

1870

Défaite contre la Prusse

Perte de l'Alsace et de la Lorraine. Fin du Second Empire.

1871

Commune de Paris

Révolte des Parisiens contre le gouvernement, la capitale est incendiée.

1885

Vaccin contre la rage

Pasteur vaccine avec succès Joseph Meister contre la rage.

1890

Premier vol motorisé d'un avion

Début de l'aviation.

1900

La carte

Le Premier Empire
La France sous Napoléon Ier
L'empire français
Territoires sous domination française

Les portraits

Robespierre

(1758- 1794)

Élu député du tiers état en 1789, il milite contre l'esclavage et la peine de mort, pour l'égalité des droits. Pourtant, il met en place la politique de la Terreur, avant de finir à son tour guillotiné.

Napoléon Ier

(1769-1821)

Empereur des Français, Napoléon gagne des batailles et modernise la France. Il devient maître de l'Europe. Mais ses ennemis le battent à Waterloo. Exilé, il meurt sur l'île de Sainte-Hélène.

Louis XVIII

(1755-1824)

Pendant la Révolution, il se réfugie à l'étranger pour éviter d'être guillotiné comme son frère aîné Louis XVI. En 1815, après l'arrestation de Napoléon, il prend le pouvoir et rétablit la monarchie.

Napoléon III

(1808-1873)

Le neveu de Napoléon Ier devient le premier président de la Deuxième République française le 10 décembre 1848. Quatre ans plus tard, en 1852, il est proclamé empereur des Français.

Eugène Delacroix
(1798-1863)

Cet artiste se fait connaître grâce à ses tableaux. Le plus célèbre s'intitule *La Liberté guidant le peuple*, évoquant les combats qui se sont déroulés en juillet 1830. Le roi Louis-Philippe l'achètera.

Louise Michel
(1830-1905)

Cette jeune institutrice participe à la Commune de Paris en 1871. Elle fait le coup de feu, devient ambulancière, soutient les communards. Arrêtée, elle est jugée et déportée en Nouvelle-Calédonie.

Jules Ferry
(1832-1893)

Ministre de l'Instruction publique en 1879, il rend obligatoire l'école publique gratuite pour tous, jusqu'à l'âge de 13 ans. Aujourd'hui, l'enseignement reste obligatoire jusqu'à 16 ans !

Marie Curie
(1867-1934)

D'origine polonaise, cette scientifique fait, avec son mari Pierre, des recherches sur le radium et le polonium, des découvertes qui lui valent à deux reprises le prix Nobel, en 1903 et en 1911.

Période contemporaine

1900 à aujourd'hui

La montée des tensions

DÉBUT DU XXᵉ SIÈCLE

Au début du XXᵉ siècle, les belles années prennent fin car des tensions agitent l'Europe. Chaque pays a des raisons d'en vouloir aux autres. La France, elle, garde une certaine rancœur contre l'Empire germanique suite à la guerre de 1870 et aimerait récupérer l'Alsace et la Lorraine. Les Français sont nombreux à vouloir se battre mais certains hommes politiques s'y opposent, comme Jaurès. En juin 1914, l'archiduc autrichien François-Ferdinand est assassiné par un Serbe, c'est l'élément déclencheur... Plusieurs pays entrent en guerre ! Jaurès est assassiné à son tour en juillet, plus rien n'empêche la France de rejoindre le conflit.

La Première Guerre mondiale

1914-1918

Pour la première fois, des nations du monde entier sont impliquées dans un même conflit militaire… C'est la Première Guerre mondiale ! Des alliances s'organisent : la France, la Russie et la Grande-Bretagne forment la Triple Entente et s'opposent à l'Allemagne, l'Autriche-Hongrie et l'Italie, qui forment la Triple Alliance. Durant quatre ans, les batailles sur le territoire français se multiplient : la Marne, Verdun, la Somme et bien d'autres encore. Au fond des tranchées, les conditions de vie sont terribles. Le manque de nourriture et d'hygiène ainsi que les maladies touchent les soldats, mais cela ne les empêche pas de combattre vaillamment.

L'armistice

11 NOVEMBRE 1918

Petit à petit, la France et ses alliés arrivent à vaincre les ennemis… Victoire ! En 1918, les Allemands renoncent à la lutte et capitulent. Un armistice est signé le 11 novembre, dans le wagon d'un train, par les chefs français et allemands. Les hostilités cessent immédiatement. En juin 1919, le traité de Versailles définit la punition infligée aux perdants : rendre l'Alsace et la Lorraine à la France, réduire leur armée et payer des réparations. La « sale guerre » a causé des pertes très lourdes, près de 19 millions de personnes sont mortes. L'Europe doit maintenant se rétablir.

Les Années folles

1919 À 1929

La guerre est finie, il faut aller de l'avant. La population française n'a pas perdu l'envie de s'amuser, la preuve, elle va dans les cabarets, les music-halls et les cinémas… Il y a des fêtes organisées aux quatre coins des villes, c'est fantastique ! Une culture populaire se développe, tous connaissent le dernier film ou la dernière chanson à la mode. Les Parisiennes sont belles, habillées par Coco Chanel. Puisque la guerre a fait beaucoup de dégâts, tout le monde a du travail car il faut tout reconstruire. Cela permet à la France de retrouver une bonne situation économique.

À cette période, le pays déborde d'énergie et d'enthousiasme.

Le Front populaire

1936-1938

La vie des Français s'améliore un peu plus en 1936, lorsque le Front populaire entre au gouvernement et met en place de nombreuses réformes sociales. Les travailleurs bénéficient maintenant d'une réduction de temps de travail et de congés payés. Pour la première fois, ils peuvent partir en vacances... Tu imagines ? Certains d'entre eux n'avaient jamais vu la mer, ils profitent donc de l'occasion ! Si en France tout va pour le mieux, ce n'est pas le cas dans les autres pays. En Allemagne, en Italie et en Russie, des dictatures s'installent et leurs chefs sont très menaçants. La paix est sur le point de voler en éclat.

La Seconde Guerre mondiale

1939-1945

Depuis quelque temps, le chef allemand Hitler mène une politique très dure : il persécute ses ennemis politiques ainsi que des personnes qu'il n'aime pas, comme les juifs, et cherche à agrandir l'Allemagne. Après l'Autriche, il envahit la Pologne. La France et ses alliés, pour l'arrêter, lui déclarent la guerre en 1939. Malheureusement, les Français sont battus en quelques mois. Le maréchal Pétain, chef du gouvernement, cède à la collaboration avec les nazis, qui vont alors s'installer sur une partie du territoire. Un homme croit toujours en la victoire, il s'agit du général de Gaulle. Depuis Londres, il demande aux Français de ne pas baisser les bras dans un message radio diffusé le 18 juin 1940. La Résistance se met en place.

Le débarquement

6 JUIN 1944

Hitler, qui domine l'Europe, envoie des milliers de personnes dans des camps, pour les faire travailler ou les exterminer... C'est terrible ! Pour le contrer, de nombreuses actions s'organisent. Sur le front Est, les Russes réussissent à repousser l'invasion allemande lors de la bataille de Stalingrad. Aux États-Unis, le président Roosevelt décide d'apporter son aide. On peut dire qu'il ne fait pas les choses à moitié puisqu'il envoie 5 000 navires, 10 000 avions et 130 000 hommes. Les Alliés débarquent le 6 juin 1944 sur les plages de Normandie, c'est la plus grande opération militaire de l'histoire ! Grâce à eux, la Normandie et la Bretagne sont libérées. Ils se dirigent maintenant vers Paris.

La Libération

1944

En août 1944, les Alliés entrent dans la capitale. Quelques jours leur suffisent pour chasser les Allemands... Hourra Paris est libéré ! Le général de Gaulle fête cette victoire en prononçant un émouvant discours et en ranimant la flamme de la tombe du Soldat inconnu, installée sous l'Arc de triomphe. Bientôt, la France entière est délivrée de ses ennemis. Les Allemands se retrouvent vite coincés entre les Alliés qui progressent à l'Ouest et les Russes qui avancent à l'Est. En avril 1945, Berlin est attaqué. Hitler se suicide et laisse le commandement à l'amiral Dönitz, qui se rend immédiatement. L'armistice, signé le 8 mai, met fin à la guerre en Europe.

La Ve République

1958

La paix retrouvée, il faut réorganiser la France. On instaure la Quatrième République mais elle ne tarde pas à se fragiliser à cause de la guerre d'Algérie, qui éclate en 1954. En 1958, le général de Gaulle, qui s'était retiré de la vie politique, est appelé à l'aide pour résoudre ce nouveau conflit. Si on a besoin de lui, peut-être a-t-il une chance de revenir au pouvoir ? C'est ce qu'il décide de savoir en organisant des élections. Puisqu'il les remporte haut la main, il fait modifier la Constitution et devient président de la Cinquième République. Ce régime politique est toujours en place aujourd'hui, sais-tu qui en est le président ?

Mai 68

1968

En mai 1968, les étudiants parisiens se révoltent. Ils sont vite rejoints par la population, qui a aussi des réclamations à faire. Ils construisent des barricades, jettent des pavés et appellent à la grève générale. Plus personne ne travaille… Le pays est paralysé durant plusieurs jours ! Pour arrêter les contestations, le Premier ministre signe les accords de Grenelle, qui prévoient de meilleures conditions de travail aux Français, et le président de Gaulle demande à ses fidèles de le soutenir. Les gaullistes ont finalement raison des manifestants, qui sont fatigués de cette situation. Cette crise sociale et politique va changer la vie des Français.

L'Union européenne

1992

Juste après les deux guerres qui ont touché l'Europe, plusieurs pays ont décidé de s'unir pour que de tels conflits n'arrivent plus jamais... Sage décision ! Ils ont promis de s'entraider et de maintenir la paix. Puisque cette union a l'air d'être très avantageuse, de nombreux autres pays européens la rejoignent. En 1992, elle a pris tellement d'ampleur que le traité de Maastricht en définit les règles et lui donne un nouveau nom : Union européenne. Depuis, elle a adopté un drapeau, un hymne et même une monnaie, l'euro... C'est bien plus facile pour faire du commerce ! Aujourd'hui, 27 pays la composent.

La chronologie

1900

1905

Séparation de l'Église et de l'État

L'État devient laïque.

1914

Assassinat de Jean Jaurès

Raoul Villain assassine Jaurès le 31 juillet 1914.

1914

Début de la Première Guerre mondiale

Ce conflit va durer 4 ans.

1916

Bataille de Verdun

Plus de 300 000 soldats trouvent la mort dans les tranchées.

1918

Fin de la Première Guerre mondiale

L'armistice est signé le 11 novembre 1918.

1936

Victoire du Front populaire

Premiers congés payés pour les Français.

1939

Début de la Seconde Guerre mondiale

L'Allemagne envahit la Pologne.

1940
Appel du 18 juin
De Gaulle appelle les Français à résister contre les Allemands.

1944
Le débarquement
Le 6 juin 1944, les Alliés débarquent en Normandie.

1945
Fin de la Seconde Guerre mondiale
Capitulation de l'Allemagne et du Japon.

1957
Traité de Rome
Fondation de la CEE (Communauté économique européenne).

1958
Début de la Ve République
De Gaulle devient le premier président de la Ve République.

1968
Mai 68
Manifestations et grèves générales contre le pouvoir en place.

2002
L'euro, monnaie européenne
Mise en circulation de la monnaie unique qui remplace le franc.

2050

La carte

La France
De nos jours
Territoire français

Les portraits

Jean Jaurès

(1859-1914)

Il entre en politique très jeune et devient le leader des socialistes. Ce professeur de philosophie, pacifiste convaincu, manie aussi bien la parole à l'Assemblée que le révolver en duel. Il meurt assassiné.

Charles de Gaulle

(1890-1970)

Le général se réfugie à Londres en 1940, d'où il adresse son appel du 18 juin pour continuer le combat. Président de la République en 1958, il promulgue une nouvelle Constitution qui nous gouverne toujours.

Jean Moulin

(1899-1943)

Il refuse la politique de collaboration de Pétain avec l'Allemagne et rejoint Londres. De Gaulle le charge d'unifier les réseaux de résistance en France. Arrêté, torturé par les Allemands, il meurt de ses blessures.

Jacques Prévert

(1900-1977)

Poète, scénariste et dialoguiste de films, il se fait remarquer par l'utilisation de jeux de mots, de calembours, de lapsus volontaires qui font rire. *Quai des Brumes* (1938) est l'un de ses films les plus connus.

L'abbé Pierre

(1912-2007)

De son vrai nom Henri Grouès, il devient prêtre en 1938, s'engage dans la Résistance puis dans la lutte contre la misère. Il fonde Emmaüs et lance son appel de l'hiver 1954 en faveur des mal-logés.

Édith Piaf

(1915-1963)

Chanteuse de rue, devenue vedette de music-hall, elle devient une artiste reconnue avec *La Vie en rose*, enregistrée en 1946. Ses succès professionnels dépassent rapidement les frontières.

Simone Veil

(Née en 1927)

Grande figure politique de l'après-guerre, elle devient ministre de la Santé, présidente du Parlement européen, ministre d'État, siège au Conseil constitutionnel. Puis, elle est élue à l'Académie française.

Robert Badinter

(Né en 1928)

Avocat, sénateur, c'est en tant que ministre de la Justice du président François Mitterrand qu'il passe à la postérité en obtenant l'abolition de la peine de mort en 1981, après un long combat.

- Collection -

QUELLE HISTOIRE

Complétez votre collection sur

www.quellehistoire.com